DE LA

PERSONNALITÉ CIVILE
DU DIOCÈSE

PAR

CH. DE FRANQUEVILLE

MAÎTRE DES REQUÊTES AU CONSEIL D'ÉTAT

PARIS

LIBRAIRIE JACQUES LECOFFRE

LECOFFRE FILS ET CIE, SUCCESSEURS

Paris, rue Bonaparte, 90. — Lyon, rue Bellecour, 2

1875

DE LA

PERSONNALITÉ CIVILE

DU DIOCÈSE

PARIS. — TYPOGRAPHIE LAHURE
Rue de Fleurus, 9

SOCIÉTÉ GÉNÉRALE D'ÉDUCATION ET D'ENSEIGNEMENT
RUE DU DRAGON, Nº 1, A PARIS.

DE LA

PERSONNALITÉ CIVILE

DU DIOCÈSE

PAR

CH. DE FRANQUEVILLE

MAITRE DES RÉQUÊTES AU CONSEIL D'ÉTAT

PARIS

LIBRAIRIE JACQUES LECOFFRE

LECOFFRE FILS ET Cᴵᴱ, SUCCESSEURS

Paris, rue Bonaparte, 90. — Lyon, rue Bellecour, 2.

1875

PERSONNALITÉ CIVILE

DU DIOCÈSE

Dans le cours de la deuxième délibération de la loi sur la liberté de l'enseignement supérieur, l'Assemblée nationale a adopté un article, qui confère aux diocèses, comme aux départements et aux communes, la faculté de créer des universités ou des facultés (séance du 7 juin 1875). Cette disposition n'a pas été maintenue dans la loi, mais il a été formellement déclaré que sa suppression n'invalidait en rien la jurisprudence formelle qui reconnait la personnalité civile du diocèse.

Toutefois, quelques orateurs ayant contesté le principe même de cette personnalité, il me parait intéressant de reproduire, d'après les journaux qui les ont déjà publiés, la remarquable dépêche que M. Jules Simon, alors ministre des Cultes, a cru devoir adresser, sur ce point, à M. le Président du Conseil d'État ; les circulaires envoyées par M. de Fourtou aux évêques et aux préfets, et enfin le texte de l'avis adopté, en 1874, par le Conseil d'État. Je demande à faire précéder ces importants documents de quelques observations destinées à compléter l'exposé de la question.

I

L'Église forme, comme l'État, une grande Société, dont les intérêts se meuvent dans des cercles différents. Aux deux grandes circonscriptions administratives, qui ont été établies pour les intérêts civils, correspondent deux grandes circonscriptions religieuses : d'un côté le département et la commune, de l'autre le diocèse et la paroisse.

Le diocèse possède, dans l'ordre religieux, une importance bien supérieure à celle qui appartient au département, dans l'ordre civil, et, sans entrer dans le domaine du droit canonique, il convient de rappeler que le chef du diocèse est investi, sur le clergé, d'une autorité presque illimitée ; c'est lui qui nomme et révoque les desservants et les vicaires, qui institue, avec l'approbation du gouvernement, les vicaires généraux, les chanoines, les curés ; c'est à lui seul qu'appartient le pouvoir de conférer le caractère sacerdotal.

L'évêque est, en quelque sorte, la source en même temps que le gardien de la foi dans son diocèse. Faut-il rappeler encore que les diocèses ont leurs usages, leurs coutumes, leurs offices propres ? Bien plus, le diocèse imprime, en quelque sorte, une nationalité à tous ceux qui sont nés sur son territoire, car l'évêque conserve sur eux sa juridiction, en quelque lieu qu'ils se trouvent et nul chrétien ne peut recevoir les ordres sacrés ou exercer le ministère dans un diocèse autre que celui de sa naissance, sans l'autorisation de son propre évêque.

Cette grande division religieuse que l'on appelle le diocèse, renferme une quantité considérable d'intérêts, les uns spéciaux, représentés par des établissements particuliers organisés ou reconnus par la loi, les autres généraux et s'adressant au diocèse lui-même.

Les premiers ont des représentants nombreux, les cures, les succursales, les fabriques, les congrégations, les chapitres, les menses, etc.; les seconds, qui sont les plus importants, doivent en avoir également, de même que, dans l'ordre civil, les intérêts spéciaux sont représentés par certains établissements et les intérêts généraux par le département, de même aussi que, dans les cultes protestant et israélite, les consistoires représentent précisément l'ensemble des intérêts religieux qui correspondent à ceux du diocèse dans l'Église catholique.

Le représentant des intérêts généraux du diocèse, c'est le diocèse lui-même, dont la personnalité civile est affirmée par la jurisprudence comme par la loi.

II

La personnalité civile du diocèse n'a jamais été contestée avant 1840. Elle était universellement admise en fait, car les diocèses étaient légalement propriétaires, et en droit, car aucun doute ne s'était élevé à cet égard, lorsqu'elle se trouva tout à coup mise en question, à propos d'une affaire d'ailleurs peu importante en elle-même[1].

En 1840, M. Vivien, alors ministre des Cultes, avait saisi le Conseil d'État d'un projet de décret tendant à autoriser le don fait par l'évêque de Montauban à son diocèse d'une somme de cinq mille francs. Le Comité de législation, au lieu d'adopter les propositions ministérielles, renvoya le dossier à l'administration, avec un avis interlocutoire, qui porte la date du 8 Juillet 1840 et dont voici les termes :

Le Comité...... Considérant qu'en admettant que la donation faite par l'évêque de Montauban à son diocèse eût été faite dans les formes voulues par la loi, il y aurait lieu d'attirer l'attention de M. le garde des sceaux sur la question de savoir si les diocèses, n'étant pas des personnes civiles reconnues par la loi, peuvent être autorisés à

---

1. Voir Vuillefroy : *Administration du culte catholique.*

acquérir et s'il n'y aurait pas lieu d'inviter l'évêque de Montauban à conférer la donation projetée aux établissements diocésains qui peuvent être autorisés à l'accepter, est d'avis qu'il y a lieu de compléter l'instruction.

L'administration s'émut vivement de cet avis et M. Martin du Nord, qui venait de remplacer M. Vivien au département des cultes, adressa au Conseil d'État, à la date du 8 décembre, un rapport conçu dans les termes les plus énergiques et dans lequel il n'hésitait pas à déclarer que la négation de la personnalité civile du diocèse serait un *immense malheur.*

Le Comité de législation n'en persista pas moins dans son avis et, le 20 mars 1841, il rejetait le projet de décret dans les termes suivants :

Considérant que les évêques ne peuvent être autorisés à faire des acquisitions au nom de leur diocèse que pour le compte des établissements diocésains légalement reconnus, que la maison de retraite dont il s'agit n'est pas au nombre de ces établissements, qu'il n'y a donc lieu d'autoriser l'acquisition qu'autant que la même ordonnance reconnaîtrait cet établissement et lui donnerait une existence légale.

Quelques jours plus tard, le même Comité s'exprimait ainsi : *Considérant qu'il résulte de l'acte de donation que l'immeuble que l'évêque de Montauban demande l'autorisation d'acquérir, doit être affecté à l'établissement du séminaire diocésain, que les diocèses ne constituent pas des personnes civiles et que, dès lors, l'acquisition dont il s'agit doit être faite, non pas au nom du diocèse de Montauban, mais au nom du séminaire diocésain. (Avis du 26 mars 1841.)*

Enfin, le 21 décembre de la même année, nouvel avis ainsi conçu [1] : *Considérant que dans l'état actuel de la législation, les diocèses ne sont que des circonscriptions administratives et ne constituent pas des personnes civiles, capables de posséder, d'acquérir et de recevoir ; que, si l'ordonnance du 2 avril 1817 autorise les évêques à accepter les libéralités faites à leur Évêché, il s'agit, dans ladite ordonnance de la mense épiscopale et non de la circonscription iocésaine, qu'il suit de là que les libéralités faites au profit d'un dio-*

---

1. Voir, pour ces avis, Vuillefroy : *Administration du culte catholique,* p. 244.

cèse ne peuvent produire leur effet qu'autant qu'elles sont destinées à des établissemenls diocésains légalement reconnus, auquel cas c'est au nom de ces établissements que l'autorisation d'accepter lesdites libéralités doit être accordée.

Il faut remarquer que ces avis émanent du Comité de Législation et non de l'Assemblée générale du Conseil d'État. Mais ce qui contribue plus puissamment encore à infirmer leur autorité, c'est qu'ils ont été rendus dans des questions d'espèce. Le principe même de la personnalité civile est à peine effleuré, on ne prend pas la peine de le discuter ni de le combattre, et c'est par une simple affirmation qu'un comité détruit, sans indiquer ses motifs, une jurisprudence jusque-là incontestée.

Le Conseil d'État, lui-même, dut renoncer, en fait, à appliquer la doctrine que le Comité de Législation avait prétendu introduire et, par de nombreux décrets qui se trouvent cités dans l'avis de principe de 1874[1], les Évêques furent autorisés à accepter des libéralités en faveur d'établissements diocésains non déterminés, notamment pour acquisitions, restaurations ou fondations de chapelles, églises, abbayes, pour célébration de messes ou services religieux, pour des prêtres auxiliaires, pour des prêtres âgés ou infirmes, pour bonnes œuvres indéterminées, pour les besoins généraux du diocèse, pour des prédications extraordinaires, pour des écoles, pour des maisons de sœurs, pour divers établissements charitables, etc., etc.

En examinant les dates de ces divers décrets, on voit qu'elles se succèdent sans interruption et que, de 1840 à 1870, il ne s'écoule guère une année, pendant laquelle on ne rencontre un acte de ce genre.

En adoptant les avis de 1840 et de 1841, le comité de Législation avait probablement obéi à des considérations hostiles à l'Eglise, et, comme le dit excellemment M. Jules Simon, dans sa dépêche du 29 novembre 1872[2], ON A PLUTÔT SONGÉ A REFAIRE LA LOI QU'A L'APPLIQUER.

1. Voir ci-après page 47.
2. Voir ci-après page 41.

Il ne faut donc pas s'étonner que l'administration ait combattu vivement la doctrine nouvelle et que tous les ministres qui ont tour à tour été chargés du département des cultes aient cherché à faire prévaloir un avis contraire. MM. Vivien et Martin du Nord, aussi bien que MM. Baroche et Jules Simon, pour ne citer que les plus éminents, ont adressé au Conseil d'État des observations énergiques[1], auxquelles M. de Fourtou a prêté plus tard l'appui de son éloquente parole[2].

On a vu que les deux premiers ministres avaient échoué en 1840 et en 1841. Le troisième, M. Baroche, avait, en 1866, demandé au Conseil d'État de trancher formellement la question de principe. La section de l'Intérieur, présidée alors par un éminent jurisconsulte, M. Duvergier, ancien garde des sceaux, se prononça formellement dans le sens indiqué par le ministre. Un avis fortement motivé fut rédigé en ce sens par M. Marbeau, aujourd'hui Conseiller d'État. Mais l'Assemblée générale, à une voix de majorité, ne crut pas devoir en adopter les termes[3] et le Conseil d'État laissa sans réponse la demande d'avis qui lui était adressée.

Quelques années plus tard, M. Jules Simon crut devoir insister pour obtenir une solution et, dans la dépêche aussi lumineuse que solide qui se trouve ci-après reproduite, il exposa nettement les principaux arguments qui ne permettent pas de méconnaître la personnalité civile du diocèse.

Cette fois, le Conseil d'État s'est nettement prononcé et, après une longue étude, il a repoussé absolument la doctrine qui avait prévalu en 1840 et en 1841.

M. Jules Simon, qui avait quitté le ministère au moment où l'affaire fut discutée par l'Assemblée générale du Conseil d'État, n'eut pas la satisfaction de voir triompher l'opinion qu'il avait si bien défendue, mais son honorable successeur, M. de Fourtou, vint lui-même soutenir la doctrine de son prédécesseur et, quelques jours plus tard, il adressait aux évêques et aux

1. Voir : Lettre de M. Jules Simon, citée plus bas.
2. Voir ci-après la circulaire de M. de Fourtou page 45.
3. Voir : Lettre de M. Jules Simon, déjà citée.

préfets une circulaire portant communication de l'avis, qui fixe d'une façon certaine la jurisprudence et qui reconnaît explicitement la personnalité civile du diocèse[1].

Cet avis, dont tous les termes ont été mûrement pesés, a été délibéré et adopté par le Conseil d'État dans ses séances des 29 avril, 7 et 13 mai 1874. Il émane, non pas d'un comité ou d'une section, mais de l'Assemblée générale et le sens en est aussi précis que possible. Le dispositif en est ainsi conçu[2] :

Le Conseil d'État..... est d'avis que le diocèse étant capable de posséder, d'acquérir et de recevoir, les évêques peuvent être autorisés à accepter les libéralités faites à leur diocèse.

Voici donc un premier point acquis. La Jurisprudence est fixée, mais je voudrais aller plus loin et examiner si elle est bien fondée.

III

Il est aujourd'hui malaisé de lutter contre un adversaire qui se dérobe et de défendre une opinion, lorsque ceux qui la combattent n'ont d'autre argument qu'une affirmation péremptoire mais dénuée de preuves.

Jusqu'en 1840 aucun doute. Le diocèse est une personne civile. Telle est l'interprétation donnée aux lois existantes par ceux-là même qui les ont faites et qui doivent le mieux en connaître l'esprit et le sens vrai. Puis, tout à coup, un simple comité de cinq membres du Conseil d'État, croit devoir modifier une jurisprudence incontestée pendant près d'un demi-siècle. Les lois révolutionnaires ont constaté la personnalité civile du diocèse, les lois nouvelles l'ont maintenue, les auteurs de ces lois l'ont affirmée, les diocèses vivent, ils possèdent en vertu de nombreux décrets qui les autorisent à accepter des dons ou des legs. Tout cela n'est rien pour le comité.

1. Voir ci-après les circulaires.
2. Voir plus loin le texte complet de l'avis, page 47.

Va-t-on, du moins, révéler la grande découverte et montrer en quoi tout le monde s'est trompé jusqu'alors ? En aucune façon, on se contente d'insérer une phrase incidente dans un avis d'espèce. *Considérant que..... les diocèses n'étant pas des personnes civiles reconnues par la loi.*

Le ministre insiste et ce même comité répond dans la même forme : *Considérant que..... les diocèses ne constituent pas des personnes civiles.* Et plus tard, il ajoute que l'ordonnance du 2 avril 1817 s'applique à la mense épiscopale et non à la circonscription diocésaine[1].

Et voilà sur quelle autorité l'on s'appuie pour renverser la jurisprudence ancienne. Nulle preuve, nul argument, nul considérant, nulle discussion. En vérité, M. Jules Simon n'a-t-il pas raison de dire que l'on a voulu refaire la loi, au lieu de l'appliquer ?

Et, plus tard, lorsque M. Baroche consulte, à son tour, le Conseil d'État, l'avis de la section de l'intérieur est repoussé, mais il n'est donné aucun motif à l'appui de ce rejet et le ministre ne reçoit pas de réponse.

S'adresse-t-on aux auteurs, pour connaître les arguments invoqués contre la personnalité civile du diocèse? Même silence. M. Dalloz[2] et M. de Vuillefroy[3] affirment que le diocèse n'est pas, ou n'est plus, une personne civile parce que les avis du Conseil d'État qu'ils citent en ont ainsi décidé. Mais ils ne cherchent pas plus à soutenir qu'à combattre cette doctrine.

Sur quoi donc repose l'opinion exprimée en 1840 et 1841 par le Comité de législation? Est-elle motivée sur des raisons de droit ou sur des raisons de fait? Examinons la première hypothèse.

1. Voir les avis de 1840 et 1841 reproduits ci-dessus.
2. *Répertoire de Jurisprudence*, vol. XIV, p. 843.
3. *Administration du culte catholique*, p. 243.

IV

En droit, la seule objection qui se rencontre dans les avis de 1840 et de 1841, consiste dans cette affirmation que les diocèses sont uniquement des circonscriptions administratives, auxquelles aucune loi n'a conféré l'existence légale.

A cette objection, j'oppose tout d'abord trois textes empruntés à notre ancien droit.

C'est d'abord l'ordonnance de Blois de mai 1579, dont l'article 19 est ainsi conçu :

Et sur la requête faite par lesdits ecclésiastiques, leur avons permis et accordé, pour un an seulement, qu'ils puissent, en l'assemblée générale du clergé de chacun diocèse, élire un syndic ou solliciteur pour faire poursuite en justice des torts qui leur auront été faits.

C'est ensuite l'édit d'avril 1695 (art. 80) qui s'exprime comme suit :

Les syndics du diocèse seront reçus dans nos bailliages, sénéchaussées et autres siéges royaux et même dans nos cours de parlement, à poursuivre, comme parties principales ou intervenantes, les affaires qui regardent la religion, le service divin, l'honneur et la dignité des personnes ecclésiastiques des diocèses qui les ont nommés.

Enfin, l'édit d'août 1749 porte (art. 18) : *Déclarons n'avoir entendu comprendre dans les dispositions des articles 14, 15, 16 et 17 ci-dessus, les rentes constituées sur nous ou sur le clergé, diocèses, pays d'État, villes ou communautés, que lesdits gens de mainmorte pourront acquérir et recevoir sans être obligés d'obtenir nos lettres patentes; voulons qu'ils en soient dispensés, même pour celles qui sont acquises par le passé.*

Sans multiplier ces citations, il convient de rappeler que les diocèses de France avaient jadis, cela est constaté par le texte même de nos lois, des biens et des rentes qui leur étaient propres, et qu'à l'époque de nos troubles révolutionnaires, ces biens subirent les modifications générales auxquelles furent assujettis tous ceux qui appartenaient aux établissements religieux. L'article 6 du décret du 15 octobre 1790 supprime, en effet, les rentes, redevances et autres droits affectés sur les domaines au profit des archevêchés, évêchés, chapitres, *diocèses*, abbayes, cures, chapelles, bénéfices, communautés religieuses, etc., etc.

Les articles 14 à 17 du titre II du décret du 14 avril 1791, relatif à la liquidation des dettes contractées par les corps, communautés et établissements supprimés, mentionnent formellement, comme étant essentiellement assimilés aux autres établissements religieux, les *diocèses* et chambres diocésaines.

Enfin, l'article 2 du décret du 9 juin 1791 est ainsi conçu : *Les dettes contractées dans les formes de droit par les sénéchaussées et les diocèses de la ci-devant province de Languedoc seront vérifiées par le commissaire du Roi chargé de la liquidation de la dette publique.*

Ainsi donc, voilà, dans trois actes successifs émanés du pouvoir législatif de cette époque, les diocèses considérés comme ayant été légalement constitués autrefois, à titre de personnes civiles, comme ayant pu acquérir, contracter, posséder, aliéner, s'obliger enfin. Or, quelle différence y a t-il entre la constitution actuelle des diocèses, telle qu'elle résulte de la loi de germinal an X et la constitution de ces anciens établissements ecclésiastiques, pour emprunter le langage des lois que je viens de citer?

Interrogeons les textes modernes et les lois en vigueur?

Voici ce que dit le concordat du 26 messidor an IX :

Art. 2. *Il sera fait par le Saint-Siége, de concert avec le Gouvernement, une nouvelle circonscription des diocèses français.*

Art. 14. *Le Gouvernement assurera un traitement convenable aux évêques et aux curés dont les diocèses et les paroisses seront comprises dans la circonscription nouvelle.*

Est-il possible d'indiquer d'une façon plus nette que la circonscription et le diocèse sont des choses parfaitement distinctes? Et, s'il pouvait rester un doute, la loi du 4 juillet 1821 suffirait à le faire disparaître :

Art. 2. Cette augmentation de crédit sera employée à la dotation de douze siéges épiscopaux ou métropolitains, et successivement à la dotation de dix-huit autres siéges dans les villes où le Roi le jugera nécessaire. L'établissement et la circonscription de tous ces diocèses seront concertés entre le Roi et le Saint-Siége.

La même distinction se rencontre dans tous les décrets relatifs aux créations de diocèses, ainsi que le fait justement remarquer M. Jules Simon, dans sa dépêche du 29 novembre 1872.

Tous ces actes, aussi bien que la loi de 1821, aussi bien que le concordat, deviennent absolument inintelligibles si, comme on l'a voulu prétendre, le mot *diocèse* signifie simplement circonscription.

V

En ce qui concerne l'argument tiré de ce qu'aucun texte formel n'a conféré au diocèse l'existence civile, la réponse est également aisée. En effet, cette existence ne résulte pas toujours d'une disposition expresse du législateur. Dans l'ordre civil, comme dans l'ordre religieux, la personnalité civile a été et est universellement reconnue, avant d'avoir été, ou même sans avoir été formulée par un texte légal. Quelle loi a conféré explicitement la vie civile aux communes, aux cures, aux succursales, aux menses, aux séminaires? On trouve seulement des dispositions qui supposent cette personnalité.

Et, pour parler de la circonscription civile qui ressemble le plus au diocèse, le département, comment donc a été établie sa personnalité? Elle existait avant 1838, et pourtant elle était bien autrement contestée que ne l'a jamais été celle du diocèse. Au moment où fut votée la loi de 1838, M. de Montalivet, alors ministre de l'Intérieur, combattit très-vivement l'opinion des députés et des Pairs de France qui voulaient la constater explicitement, de sorte qu'en fait, cette loi supposa l'existence morale du département sans la proclamer.

S'il est vrai que le législateur garde souvent le silence, en cette matière, quel est le *criterium* certain qui peut permettre de reconnaître à qui appartient la vie civile?

A cet égard, il convient de faire une distinction. Il existe, en effet, deux grandes catégories d'établissements : les uns publics, les autres d'utilité publique. Ces derniers se forment en dehors de l'État, sans sa participation, sans son concours; les autres sont, au contraire, constitués par l'État et organisés par le législateur lui-même. Il est évident que, pour les premiers, on ne saurait présumer l'intention du législateur, qui ne pouvait pas les connaître avant leur naissance : la personnalité civile n'existera donc que lorsqu'elle aura été formellement et expressément accordée. Pour les seconds, au contraire, pour ceux que le législateur a lui-même créés, constitués, organisés, auxquels il a donné tous les organes et tous les éléments de la vie civile, il n'est pas besoin qu'un texte formel proclame une volonté qui est manifeste.

Sur ce point, la dépêche du 29 novembre 1872 établit des principes qui paraissent absolument incontestables, et je ne saurais mieux faire que de m'en référer à l'argumentation de M. Jules Simon.

Suivant le ministre, « tout établissement public organisé par la loi constitue un être moral, une personne civile, par le seul fait de son existence. Or l'établissement public se reconnaît aux conditions suivantes : 1° un caractère d'intérêt général et de perpétuité; 2° un siège déterminé ou une circonscription territoriale fixe; 3° une organisation sanctionnée par la loi; 4° un administrateur spécial nommé ou institué par le gouvernement; et 5° des ressources propres. »

Le diocèse présente-t-il ces cinq caractères? — Je n'hésite pas à répondre affirmativement et, si cette vérité ne paraît pas suffisamment évidente, on trouvera, dans la lettre ministérielle, des arguments qui ne laisseront aucun doute sur ce point.

Prenez garde, dira-t-on, car il y a précisément, dans l'ordre civil, deux circonscriptions qui ne possèdent pas l'existence morale : le canton et l'arrondissement. Cela est vrai, mais ce qui est vrai aussi, c'est que le canton n'a pas d'organisation propre, pas d'administrateur spécial, pas de ressources propres : Il lui manque donc, au moins, trois des caractères nécessaires.

Quant à l'arrondissement, outre qu'il n'a pas de ressources propres, il est dans la situation où se trouvait placé le département, avant le jour où le premier Empire a songé à lui faire don de certains édifices départementaux, ce qui a été l'origine de son existence civile. En fait il ne possède pas, mais en droit il pourrait posséder, s'il représentait un intérêt général ou plutôt si les intérêts généraux qu'il pourrait représenter n'étaient absorbés dans ceux du département. De même, dans l'ordre religieux, il n'y aurait aucune raison pour reconnaître la personnalité civile des archidiaconés ou des archiprêtrés, dont la circonscription correspond à celle de l'arrondissement, ni celle des doyennés qui correspondent aux cantons, alors même que ces divisions seraient reconnues et organisées par la loi, car leurs intérêts sont précisément absorbés dans ceux du diocèse.

VI

J'ai raisonné jusqu'ici en admettant que l'allégation produite contre la personnalité civile du diocèse est exacte ; il y a lieu d'examiner maintenant s'il en est ainsi.

Voici d'abord des textes tirés de la loi de germinal an X :

Art. 36. *Pendant la vacance des siéges, il sera pourvu par le métropolitain et, à son défaut, par le plus ancien des Evêques suffragants, au gouvernement du diocèse, et les vicaires généraux de ces diocèses continueront leurs fonctions, même après la mort de l'Evêque, jusqu'à son remplacement.*

Art. 37. *Les métropolitains, les chapitres cathédraux seront tenus, sans délai, de donner avis au Gouvernement de la vacance du siége*

3

et des mesures qu'ils auront prises pour le gouvernement des diocèses vacants.

Art. 38. *Les vicaires généraux qui gouverneront pendant la vacance ainsi que les métropolitains ou capitulaires ne se permettront aucune innovation dans les usages et coutumes des diocèses.*

L'article 73 n'est pas moins concluant :

Les fondations qui ont pour objet l'entretien des ministres et l'exercice du culte ne pourront consister qu'en rentes constituées sur l'État: elles seront acceptées par l'Évêque diocésain et ne pourront être exécutées qu'avec l'autorisation du Gouvernement. »

Écoutons maintenant l'homme qui a pris assurément la plus grande part à l'organisation religieuse de notre pays. Voici comment s'exprime M. Bigot de Préameneu, dans un rapport du 13 septembre 1813, qui sert de préambule au décret du 6 novembre 1813, sur la conservation et l'administration des biens du clergé : *Les séminaires et les écoles secondaires ecclésiastiques sont des établissements dont les Archevêques et les Évêques ont une entière direction, et c'est au diocèse en général qu'appartiennent les biens formant leur dotation.*

Deux ans plus tard, la question se posa devant les Chambres et, le 21 novembre 1815, M. de Castelbajac déposait une proposition de loi ainsi conçue :

Les Évêques et les curés sont autorisés à recevoir toutes les donations de meubles ou immeubles et rentes qui pourraient leur être faites par des particuliers, pour l'entretien du culte, de ses ministres, des séminaires ou tout autre établissement ecclésiastique, pour les posséder, eux et leurs successeurs, à perpétuité, en les appliquant à la destination voulue par le donataire.

La proposition, prise en considération le même jour, fut soumise aux deux Chambres, adoptée, une première fois, par la Chambre des députés, amendée par la Chambre des pairs, puis renvoyée à l'autre assemblée; mais elle se trouva ajournée par suite de la dissolution qui intervint alors. Elle fut reprise en 1816, mais l'on crut devoir faire disparaître du projet tout ce qui avait un caractère purement réglementaire, en laissant au Souverain le soin de régler ces questions par des ordonnances.

Et ce qu'il convient de noter, c'est que, dans les longues discussions qui eurent lieu à cette époque, aucune voix ne s'éleva,
dans l'une des deux enceintes législatives, pour émettre un doute
sur la personnalité civile des diocèses. M. de Montesquiou, rapporteur de la loi, montrait qu'il convenait d'autoriser les établissements religieux à posséder des immeubles aussi bien que
des meubles, et M. de Lally-Tollendal déclarait qu'il serait fort
désirable de voir une terre épiscopale attachée à chaque siége.

Dans les deux Chambres, une discussion s'éleva sur la portée
des mots : *légalement autorisés* et *reconnus par la loi*. Le commissaire du gouvernement déclara que le sens des deux expres-
sions était absolument identique, et l'unique préoccupation de
tous fut d'adopter la rédaction qui pouvait se prêter à l'interprétation la plus large.

La loi, que personne ne combattit, fut adoptée par 135 voix
sur 148 votants et promulguée le 2 janvier 1817. Le 2 avril suivant intervint une ordonnance portant règlement d'administration publique pour son exécution.

En voici les termes :

*Art. 1er. Conformément à l'article 910 du Code civil et à la loi
du 2 janvier 1817, les dispositions entre-vifs ou par testament de
biens meubles ou immeubles, au profit des églises, des archevêchés
et évêchés... et en général de tout établissement d'utilité publique et de
toute association religieuse reconnus par la loi ne pourront être acceptées qu'après avoir été autorisées par Nous, le Conseil d'État entendu.*

*Art. 3. L'acceptation desdits legs ou dons ainsi autorisés sera
faite, savoir : par les Évêques, lorsque les dons ou legs auront pour
objet leur évêché, leur cathédrale ou leurs séminaires.*

C'est donc avec raison que, dans l'excellent livre qu'il a pu-
blié sur cette matière[1], un jurisconsulte éminent, M. Gaudry,
ancien bâtonnier de l'ordre des avocats près la Cour de Paris,
s'exprime dans les termes suivants : « Il me semble difficile de
voir comment le comité de législation du Conseil d'État a pu,
par des avis réitérés en 1841, cités par M. de Vuillefroy, expri-

1. Traité de la législation des cultes, vol. II. p. 113.

mer l'opinion qu'un Évêché ne constituait pas une personne civile reconnue par la loi, ayant capacité de posséder et de recevoir. L'article 2 du Concordat pose en principe l'établissement des évêchés, l'art. 58 de la loi organique du 18 germinal an X en contient la création, et tous les évêchés ont été établis en vertu de ces lois par des décrets ou des ordonnances, dont jamais on n'a contesté la légalité.

« En supposant qu'il pût exister un doute sous le Concordat, le doute aurait cessé après le décret du 6 novembre 1813, qui reconstitue les biens des évêchés sous le titre de menses épiscopales, et surtout d'après la loi du 2 janvier 1817 et l'ordonnance du 2 avril de la même année, décidant que tous les établissements ecclésiastiques, au nombre desquels sont les Archevêchés et les Évêchés, peuvent acquérir des biens immeubles ou les recevoir. Un Évêché constitue donc un corps légal, dont l'Évêque est le représentant, et qui a toute la capacité d'un établissement légalement reconnu. Au surplus, la singulière opinion du Conseil d'État de 1841 est en contradiction avec les nombreuses autorisations données sous l'Empire, sous la Restauration et sous les gouvernements de 1830, 1848 et 1852, à des legs faits à des Évêchés. »

VII

M. Gaudry s'étonne à bon droit, que l'on ait pu méconnaître des textes aussi formels. Aussi l'erreur du comité de législation serait-elle inexplicable, si la dépêche ministérielle de 1872 n'en révélait la cause. Le conseil d'État, dit M. Jules Simon, donne au mot *Évêché* la signification de mense épiscopale et non celle de diocèse: il a même, pour colorer son opinion, modifié l'orthographe universellement adoptée pour le mot de mense, en l'écrivant de la façon suivante : *manse.*

Quelle est la valeur de cette opinion et quelle est, en réalité, la signification du mot *Évêché?*

J'ouvre le dictionnaire de l'Académie française :

« Évêché, substantif masculin. *Diocèse*, puis par extension, partie du territoire soumise à l'autorité épiscopale d'un Évêque; dignité épiscopale; siége épiscopal; il signifie encore le lieu, le palais où demeure un Évêque. »

Je prends le grand dictionnaire de M. Littré :

« Évêché. Diocèse; partie du territoire soumise à l'autorité d'un Évêque. Dignité épiscopale; siége de l'Évêché, palais épiscopal. »

Nulle part, je ne trouve une assimilation quelconque entre les mots évêché et mense épiscopale, et, pour en finir avec la question grammaticale, j'ajoute que, ni dans les deux dictionnaires cités plus haut, ni dans aucun autre, pas même dans celui de la basse latinité de Ducange, le mot *mense* n'est écrit par un *a*. Nulle part, on n'a songé à faire de la mense (*mensa*) la maison (*mansio*) de l'Évêque.

« La mense épiscopale, dit M. Gaudry, est, à proprement parler, la table de l'Évêque : *mensa*. Ce mot a été appliqué à tous les biens mobiliers et immobiliers consacrés aux dépenses de l'Évêché, mais il ne faut pas confondre les biens et les revenus de la cathédrale avec la mense épiscopale. Les premiers ont pour objet de subvenir aux dépenses du culte et de la cathédrale, les seconds, aux dépenses des Évêques. La mense épiscopale est, dans un évêché, ce que les biens de la cure sont dans une paroisse. »

L'interprétation légale est, d'ailleurs, aussi peu douteuse que l'interprétation grammaticale, et les arguments que contient, à ce sujet, la lettre de M. Jules Simon sont tellement complets et concluants qu'il suffit de s'y reporter, si l'on conçoit quelque doute à cet égard. J'ajoute seulement qu'il ressort absolument, de toutes les discussions, rapports, etc., qui ont précédé, accompagné ou suivi le vote de la loi de 1817, que le mot *évêché* a été pris comme synonyme de *diocèse*. Or, quand même l'ordonnance du 2 avril suivant aurait prétendu en changer la signification — hypothèse tout à fait inadmissible — il est de toute évidence qu'elle n'aurait pu légalement modifier ni le sens, ni l'esprit de la loi.

Je ne pense pas qu'il soit nécessaire de réfuter longuement l'interprétation qui donne au mot *évêché* le sens de palais épiscopal. Est-ce que le gouvernement, en nommant un prêtre à un évêché, le nomme à un palais épiscopal? Est-ce qu'une donation faite à un évêché est faite au palais épiscopal, qui est un immeuble domanial, fort incapable assurément de recueillir des libéralités ?

Pour tout homme sensé et de bonne foi, il ne peut être douteux que l'expression *évêché*, dans les textes qui nous occupent, soit synonyme de *diocèse*.

VIII

La difficulté juridique se trouvant ainsi résolue, il reste à examiner la question sous un autre point de vue. En repoussant la doctrine de la personnalité civile du diocèse, dit M. Jules Simon, le Conseil d'État a obéi à des considérations législatives, il a plutôt songé à refaire la loi qu'à l'appliquer.

S'il en est véritablement ainsi, le Conseil d'État a commis un abus de pouvoir, mais encore a-t-il obéi à quelque raison sérieuse, à quelque raison d'ordre public ou d'intérêt général?

Je cherche en vain quelles peuvent être les objections présentées en ce sens.

Craint-on la reconstitution des biens de mainmorte, l'accumulation des richesses entre les mains des évêques? La réponse est, en vérité, bien facile. D'une part, les biens de mainmorte sont soumis à 0 fr. 84 cent. pour 100 d'impôt en sus des immeubles ordinaires. Un bien qui payerait cent francs entre les mains d'un particulier payera cent quatre-vingt-quatre francs s'il appartient à un établissement. Croit-on que la propriété foncière ainsi grevée soit faite pour beaucoup tenter les évêques, et leur préférence ne sera-t-elle pas pour les rentes ou les autres valeurs mobilières?

Mais ces valeurs elles-mêmes ne se sont pas davantage accumulées, et les faits démontrent éloquemment combien les craintes sont chimériques à cet égard. Pendant quarante années, dont quinze se sont écoulées sous un régime qui ne passait pas pour hostile à l'Église, le diocèse a été considéré comme personne civile et a pu librement recueillir les libéralités qui lui étaient faites.

Or, voici quel en a été le nombre : « Sous l'empire, dix dons et legs, dont la valeur connue pour quatre est de 27,000 francs, dans lesquels les immeubles entrent pour 2,000 francs ; sous la Restauration, trente-sept dons et legs, dont la valeur, connue pour vingt-neuf, est de 365,397 francs, dans lesquels les immeubles entrent pour 279,205 francs ; pendant les dix premières années de la monarchie de Juillet, treize dons et legs, dont la valeur est de 224,361 francs, dans lesquels les immeubles entrent pour 174,666 francs.

« Le nombre et la valeur des acquisitions que les diocèses ont été autorisés à faire jusqu'au 1ᵉʳ janvier 1849 se répartissent ainsi : sous l'Empire, deux acquisitions immobilières, dont la valeur connue pour une, est de 5,000 francs ; sous la Restauration, vingt-deux acquisitions, dont la valeur connue pour dix-neuf est de 395,219 francs, dans lesquels les immeubles entrent pour 47,500 francs. Aucune aliénation n'a été autorisée[1]. »

J'ignore combien de dons et legs ont été faits aux évêques depuis 1840 et acceptés avec l'autorisation du Conseil d'Etat, comme destinés à la mense épiscopale ou à des établissements diocésains légalement reconnus, mais il est sûr que le nombre en est très-peu considérable.

Ce qui est certain, au contraire, c'est que la mense épiscopale est restée une fiction de la loi, c'est que les anciennes dotations des évêchés ne se reconstituent pas, c'est que les évêques ne possèdent rien ou presque rien, c'est que leurs revenus sont notoirement et scandaleusement insuffisants, c'est qu'ils meurent presque tous pauvres, ne laissant à leurs successeurs que leurs bonnes œuvres à continuer et à leurs héritiers, pour tout avoir, que le dernier trimestre de leur traitement.

En fût-il autrement, d'ailleurs, qu'il serait encore difficile de

---

1. Vuillefroy : *Administration du culte catholique*. p. 245.

comprendre comment pourraient naître, à ce propos, de justes alarmes. Il ne faut pas oublier, en effet, que les évêques ne peuvent recevoir, au nom de leur diocèse, qu'avec l'autorisation du gouvernement et en vertu d'un décret délibéré en Conseil d'État. Le jour donc où viendrait à se révéler un abus, s'il pouvait y en avoir, il serait d'autant plus aisé d'y mettre fin que l'État est omnipotent ; qu'en cette matière, qui n'est pas contentieuse, les décisions du Chef de l'État ne sont pas nécessairement motivées et ne sont susceptibles d'aucun recours.

Une seconde objection peut être faite ; le diocèse n'a pas de budget et par conséquent le gouvernement n'a aucun moyen de contrôler l'emploi des dons ou libéralités. Je répondrai : qu'importe ? — S'il s'agit d'une somme destinée à être immédiatement distribuée, quelle garantie donnerait l'existence d'un budget ; s'il s'agit d'une rente, elle est immatriculée au nom du diocèse avec mention sur l'inscription de la destination des arrérages, et l'évêque ne peut en disposer qu'avec l'autorisation du gouvernement. S'il s'agit d'un immeuble, même impossibilité de l'aliéner et de le détourner de sa destination. On voit qu'il ne saurait y avoir, sur ce point, aucune inquiétude, mais; peut-on ajouter, qui contrôlera l'emploi des rentes ou des revenus des biens du diocèse ? La réponse n'est pas moins simple. Les choses se passeront pour le diocèse exactement comme pour les autres personnes civiles, qu'on les nomme cures, fabriques, hospices, départements ou communes; et les donateurs ou leurs héritiers auront toujours le droit de surveiller, s'il y a lieu, l'exécution des clauses imposées; ils pourront, si cela est nécessaire, faire intervenir la justice. J'ajoute qu'ils possèdent une garantie qui n'existe pas dans les autres cas et qui me paraît infiniment supérieure, celle qui résulte du caractère même des évêques.

Et je pourrais citer ici ces paroles d'une lettre adressée par Portalis, alors Ministre des Cultes, au Ministre de l'Intérieur....
« C'est l'évêque qui accepte ces donations, et qui est seul autorisé par la loi même à les accepter. L'intervention du Maire et du Conseil de la Commune, et celle même du Préfet sont

alors très-inutiles. Dans ces cas, la loi a donné sa confiance à l'évêque et l'a reconnu juge naturel de l'utilité de l'église[1]. »

IX

Qu'on le remarque bien, d'ailleurs, entre les partisans et les adversaires de la personnalité civile du diocèse, la querelle repose sur la forme bien plus que sur le fond même de la question.

Je suppose, en effet, que la jurisprudence des avis de 1840 et 1841 soit encore en vigueur. Deux hypothèses peuvent se présenter : ou le Conseil d'État s'attachera fermement et strictement à cette doctrine, ou il maintiendra le principe, mais ne l'appliquera pas en fait.

Dans la première hypothèse, voici que se présente le cas suivant : Un testateur lègue cent mille francs à l'*évêché* de Versailles; un autre lègue cent mille francs au *diocèse* de Versailles. L'intention est évidemment la même dans les deux cas, et cependant, dans le premier, l'évêque est autorisé à accepter, parce que *évêché* signifiera mense épiscopale; dans le second, l'autorisation d'accepter sera refusée, parce que le *diocèse* n'a pas la capacité nécessaire pour recueillir.

Je suppose un autre testament par lequel on donne à un évêque un immeuble estimé cent mille francs, destiné à lui servir de maison de campagne, vingt mille francs pour les églises les plus pauvres de son diocèse, pareille somme pour les prêtres âgés et infirmes, et dix mille francs pour bonnes œuvres. Qu'arrivera-t-il ? L'évêque sera autorisé à accepter l'immeuble au nom de sa mense, mais les trois autres libéralités deviendront caduques, bien que la seconde soit formellement protégée par les termes de l'article 15 du Concordat, qui porte que *le gou-*

---

1. Voir : Portalis — Discours, etc., sur le Concordat de 1801. P. 414. Voir également, dans ce même volume, les pages 393, 395 et 411.

vernement prendra des mesures pour que les catholiques français puissent, s'ils le veulent, faire, en faveur des églises, des fondations. Ainsi un acte qui n'est même pas une simple loi, mais un traité dont la modification ne peut être faite qu'avec l'assentiment des deux parties contractantes, va se trouver annulé parce qu'il a plu à un Comité du Conseil d'État de modifier sa jurisprudence.

Et, en outre, on verra un évêque autorisé à recueillir celle des quatre libéralités qui est la plus importante, en même temps que la moins utile, mais privé, malgré le consentement des héritiers, des ressources qui s'adressaient aux intérêts religieux les plus sacrés : les églises, les prêtres âgés, les pauvres.

Un pareil résultat n'est pas seulement fâcheux, il est immoral et il est évident que l'on cherchera à l'éviter. Pour y réussir, on aura recours aux fidéicommis, aux dissimulations. On verra se multiplier les dons à la main, les ventes simulées; en un mot, la charité, dont il est possible d'entraver mais jamais d'arrêter le cours bienfaisant, se produira d'une façon occulte ou dissimulée, et la seule conséquence de ce système sera de priver l'État de tout contrôle et de forcer les évêques à conserver, sous le couvert de la personnalité civile de leur mense, des biens dont la destination est absolument étrangère à l'entretien de leur table et même de leur maison.

Et cela a été si bien compris, que le Conseil d'État lui-même a reculé devant cette conséquence, et alors s'est produite la seconde des hypothèses que j'imaginais plus haut : Le principe n'a pas été modifié, mais, en fait, il n'a pas été davantage appliqué.

Le système employé a été aussi simple que juste et, pour le mieux faire comprendre, je reprends l'exemple des testaments cités plus haut. Voici ce qui serait advenu, en fait : Pour le premier cas, l'évêque est autorisé à accepter, au nom de la mense, le legs fait à l'Évêché, et, quant au legs fait au diocèse, on priera l'évêque de désigner quels sont les établissements diocésains légalement reconnus, auxquels il entend attribuer cette libéralité ; l'acceptation sera autorisée au nom de ces établissements.

En ce qui concerne le deuxième testament, l'évêque sera au-

torisé à recevoir les 100,000 francs, pour la mense épiscopale;
puis on l'invitera à indiquer les églises auxquelles il veut dis-
tribuer les 20,000 francs, et l'acceptation sera autorisée au nom
des fabriques; l'autre libéralité de 20,000 francs devra être
acceptée au nom de la caisse diocésaine des prêtres âgés, si elle
est reconnue; si elle ne l'est pas ou si elle n'existe pas, on priera
l'évêque de saisir cette occasion pour la faire reconnaître ou
pour la créer. Quant au legs pour les bonnes œuvres, on invitera l'évêque à indiquer quel emploi il se propose de faire
des 10,000 francs, et l'autorisation lui sera donnée dans une
forme qui variera suivant les cas.

J'aurais même le droit de dire que le Conseil d'État n'a pas
toujours été aussi rigoureux, et la preuve de cette assertion
n'est pas difficile à fournir : il suffit, pour la trouver, de jeter
les yeux sur la liste des décrets rendus de 1840 à 1870.

X

Telle est la situation actuelle, telle est la jurisprudence con-
stamment suivie par le Conseil d'État depuis 1840. N'ai-je pas
raison de dire qu'il n'existe, au fond, aucune différence entre
ce système et celui qui consiste à reconnaître franchement la
personnalité civile du diocèse? Dans l'un comme dans l'autre
cas, le gouvernement est absolument maître de demander à
l'Évêque les explications jugées nécessaires, d'imposer à l'acceptation telles conditions et telles restrictions qui seraient jugées opportunes, et même, le cas échéant, de refuser son autorisation.

La vérité est donc qu'entre les partisans des doctrines, il n'y
a guère qu'une querelle de mots. Mais ce qui est vrai aussi,
c'est que la jurisprudence ancienne, celle que consacre l'avis de
1874, est la meilleure, parce qu'elle est la plus franche, la plus
juste et la seule vraie.

Au point de vue pratique, elle présente encore de sérieux avantages. Il existe, en effet, dans le diocèse certains intérêts qui n'ont pas un représentant spécial. Qu'un Évêque veuille construire des Églises ou des chapelles dans une ville où l'autorité municipale néglige ou refuse de le faire malgré les besoins évidents de la population [1], qu'il manque de fonds pour secourir la plus respectable des misères, celle des prêtres âgés ou infirmes, qu'il lui faille des ressources pour acheter des ornements, vases sacrés ou autres objets indispensables au culte; pourquoi le placer dans l'alternative de refuser les libéralités ou de les accepter au nom de sa mense?

Mais, sans parler de maint autre cas, le diocèse n'a-t-il pas nombre d'intérêts généraux: celui de son administration, par exemple? L'État donne aux vicaires généraux et aux chanoines un traitement presque dérisoire, et tous les autres prêtres attachés à l'évêché doivent être payés par l'évêque. Et, dans un autre ordre d'idées, l'évêque n'a-t-il pas besoin d'avoir des ressources pour secourir les indigents? Quoi que l'on ait pu faire ou dire, pour *laïciser* la charité, si je puis me servir de cette expression, il n'a pu entrer ni dans les mœurs, ni dans les idées que l'évêque est étranger aux bonnes œuvres. Les pauvres, et surtout ceux dont la misère est la plus digne d'intérêt, les pauvres honteux, s'adressent toujours avec confiance à l'homme qui, suivant l'admirable parole de l'Église, est leur père en même temps que leur pasteur, pour lui demander de soulager leurs besoins temporels.

Si le diocèse n'a pas la personnalité civile, au nom de quel établissement l'évêque pourra-t-il accepter les libéralités destinées à l'un des buts que je viens de signaler? Évidemment, ce sera au nom de la mense, et je me demande quel intérêt auraient pu trouver le Gouvernement et le Conseil d'État à maintenir cette fiction et ce mensonge. Mieux vaut ne pas doter la

1. Tel est aujourd'hui le cas à Paris, où il existe des paroisses de 62,000 âmes (Saint-Ambroise et Belleville), de 55 à 60,000 âmes (La Villette, Sainte-Marguerite, Saint-Joseph), et beaucoup d'autres au-dessus de 40,000 âmes, et où le Conseil municipal refuse de créer de nouvelles paroisses.

mense de ressources qui ne sont, en aucune façon, destinées à la mense; mieux vaut dire ce qui est la vérité, c'est que les dons destinés aux intérêts et aux besoins généraux du diocèse seront acceptés au nom du diocèse.

XI

Je termine cet examen succinct en appelant instamment l'attention sur les documents reproduits ci-après, dans lesquels on trouvera nombre de faits et d'arguments que j'ai cru inutile de répéter dans mon exposé.

Au fond, la question est bien simple et peut se résumer en quelques mots : En droit, comme en fait, les diocèses ont toujours été des personnes civiles; sous l'ancien régime et sous la République, sous l'Empire et sous la Restauration, pendant les dix premières années du gouvernement de Juillet, aucune difficulté, aucun doute sur ce point.

En 1840 et en 1841, un comité du Conseil d'État conteste cette personnalité, dans des avis d'espèce et par une affirmation dénuée de preuves.

Depuis lors, tous les ministres des cultes, quels que soient leurs noms ou leurs opinions politiques, combattent ces avis; le Conseil d'État lui-même reconnaît l'impossibilité d'appliquer cette doctrine absolue et finit par revenir formellement aux anciens principes.

En droit, la personnalité civile du diocèse serait certaine, quand même elle ne serait pas formellement établie par les textes de loi, mais, d'ailleurs, il existe précisément de nombreux textes qui la constatent ou la supposent. Pour la nier, il faut avoir recours à une contestation grammaticale sans vérité, et le seul résultat auquel on arrive est de déclarer qu'un legs de cent mille francs fait à l'*évêché* de Versailles est valide, mais que ce même legs fait au *diocèse* de Versailles ne peut être accepté.

En fait, il convient de reconnaître la personnalité civile du diocèse, parce que là est la vérité, là est la justice. L'expérience du passé aussi bien que le raisonnement démontrent que cette solution ne saurait présenter d'inconvénients à aucun point de vue, tandis qu'elle offre de sérieux avantages dans la pratique.

L'épiscopat est pauvre des biens de ce monde, et c'est là son honneur, mais il a besoin de ressources matérielles pour travailler au salut des âmes, dont il a charge devant Dieu : il n'en réclame pas à l'État, mais il peut désirer, et les catholiques s'unissent à ce vœu, que l'État ne le prive pas des libéralités individuelles et volontaires. Il peut demander enfin à n'être pas toujours placé dans la douloureuse alternative de refuser les moyens de soulager les misères matérielles et morales, ou d'accepter, au nom de sa mense, des libéralités qui s'adressent, en réalité, à un tout autre objet.

Voilà ce que donne aux évêques la reconnaissance de la personnalité civile du diocèse. C'est une question de forme, peu importante en soi et qui n'intéresse guère le gouvernement, dont les droits resteront les mêmes, en toute hypothèse; mais c'est aussi une question de dignité pour l'épiscopat français. La solution n'en saurait donc être envisagée avec indifférence par ceux qui ont quelque souci des intérêts de l'Église, à laquelle est si étroitement associée la destinée de la France.

LETTRE adressée à M. le Président du Conseil d'État par M. le Ministre de l'instruction publique et des cultes[1].

Paris, le 29 novembre 1872.

Monsieur le Président,

Le Conseil d'État rencontre assez fréquemment dans les libéralités soumises à son examen des legs faits au profit d'un *diocèse* ou d'un *Évêché*. Jusqu'en 1840, il n'a point élevé de doute sur la validité de ces dispositions. — Depuis cette époque, il a généralement considéré les dons et legs au profit d'un diocèse comme étant faits à un incapable et il a été d'avis qu'il n'y avait pas lieu de les autoriser : quant au mot *Évêché*, il n'a cru pouvoir lui donner d'autre acception que celle de *mense épiscopale*.

Mes prédécesseurs au Ministère des Cultes, et notamment M. Vivien, Martin (du Nord) et Baroche ont résisté à cette nouvelle jurisprudence. Le Conseil d'État l'a maintenue, tout en admettant d'assez nombreuses exceptions d'espèce et en paraissant même hésiter sur la question de principe. En 1867, un avis très-fortement motivé de la Section de l'Intérieur, de l'Instruction publique et des Cultes, qui concluait à la capacité civile des diocèses, n'a été rejeté en Assemblée générale qu'à une voix de majorité et ce rejet n'a été accompagné d'aucun avis qui le motivât.

La résolution prise alors par le Conseil d'État a eu un fâcheux effet dans les deux affaires qui avaient donné lieu à la discussion de principe. Les Évêques intéressés se sont refusés catégoriquement à céder à une doctrine qui leur paraissait contraire aux intentions des testatrices : une des libéralités a été perdue pour le diocèse auquel elle était destinée; — quant à l'autre,

1. Extrait du *Journal des Conseils de fabriques*, année 1871, p. 141.

on a des motifs de supposer que, pour échapper au contrôle de l'autorité administrative, les héritiers l'ont converti en donation manuelle : elle s'élevait à la somme de 80,000 francs.

Tout récemment encore, un legs important fait au diocèse ou évêché d'Angoulême a été soumis au Conseil d'Etat. — Les cir·constances de l'affaire le détermineront vraisemblablement à refuser l'autorisation sans se prononcer sur la question de capacité, mais cette question se présentera de nouveau dans quelques affaires en cours d'instruction ; il me semblerait opportun de reprendre la discussion de 1867 et de se prononcer sur le mérite des arguments produits par le Ministre des Cultes et la Section compétente.

Je viens donc vous prier, Monsieur le Président, de vouloir bien saisir le Conseil d'État de la question théorique de l'existence et capacité civile des diocèses. — Cette question, dégagée de toute préoccupation de fait et d'espèce, pourra être examinée avec une plus entière liberté d'esprit.

I

Pendant quarante ans, aucun doute ne s'est élevé sur l'existence civile des diocèses. C'est en 1840 seulement que le Conseil d'État a commencé à contester la capacité civile de ces établissements.

Toutefois, un assez grand nombre d'ordonnances ou décrets postérieurs à cette époque ont admis implicitement la personnalité juridique du diocèse ; un état de ces ordonnances ou décrets aussi complet que peut le permettre le classement des dossiers par ordre chronologique est annexé à la présente dépêche.

En 1865, le Conseil d'État voulut appliquer la jurisprudence inaugurée en 1840, à des legs faits par la dame Sorin-Dessources à l'Évêché de La Rochelle, et par la demoiselle de Monceaux à l'Évêché de Bayeux. — La Section de l'Intérieur, dans ses avis en date des 1er juin 1865, 9 janvier et 6 mars 1866, décida qu'il y avait lieu :

1° D'inviter l'Évêque de La Rochelle et l'Évêque de Bayeux à désigner respectivement les établissements légalement reconnus auxquels ils se proposaient d'appliquer les libéralités de la dame Sorin-Dessources et de la demoiselle de Monceaux;

2° De faire intervenir ces établissements dans l'acceptation.

Les Évêques se refusèrent à faire la désignation qui leur était demandée. En présence de cette déclaration, le Garde des Sceaux, Ministre de la Justice et des Cultes, crut devoir reprendre la question au fond : dans la lettre précitée du 30 avril 1866, il soutint que les diocèses devaient être considérés comme des personnes civiles légalement représentées par les Évêques et il invita le Conseil d'État à reviser sa nouvelle jurisprudence.

La Section de l'Intérieur se rangea à la doctrine exposée par le Ministre des Cultes, et un projet d'avis, rédigé en ce sens par M. Marbeau, Maître des Requêtes, fut soumis à l'Assemblée générale du Conseil d'État.

Le Conseil d'État rejeta ce projet, le 21 novembre 1867, à une voix de majorité; mais, contrairement à tous les précédents, il ne prit aucune résolution, et aucune réponse officielle ne fut faite, en son nom, à la dépêche ministérielle du 30 avril 1866.

L'administration des Cultes ne connait donc pas les arguments produits dans l'Assemblée générale contre les observations qu'elle présentait alors, et, aujourd'hui encore, elle ne peut que discuter les motifs de rejet produits en 1840.

II

D'après cette nouvelle jurisprudence, l'Évêque est incapable d'accepter toute libéralité faite dans l'intérêt général de son diocèse et ne pouvant être actuellement affectée à un établissement déterminé qui soit reconnu ou en mesure de l'être.

Il est donc incapable d'accepter :

— Les dons et legs pour les prêtres infirmes, dans les diocèses où l'on ne peut organiser une caisse de retraites ;

— Les dons et legs pour faciliter l'exercice du culte dans le diocèse ;

— Les dons et legs pour achats d'ornements ou de vases sacrés destinés aux églises du diocèse au choix du Prélat ;

— Les dons et legs de chapelles, calvaires ou édifices religieux n'offrant aucun intérêt paroissial ;

— Les dons et legs pour bonnes œuvres indéterminées, etc.

De semblables libéralités ne peuvent produire leur effet que lorsqu'il y a lieu de les affecter à des établissements diocésains légalement reconnus, au nom desquels l'autorisation d'accepter soit demandée et accordée. Les Évêques seront donc invités à désigner les établissements qui pourront profiter de la libéralité ; en cas de refus du Prélat de faire cette désignation, ou des héritiers du testateur d'y consentir, l'autorisation devra être refusée. (Avis du Conseil d'État, 2 juin 1856 ; Intérieur, 11 janvier et 14 avril 1860 ; Lettre du Président de la Section de l'Intérieur, 29 juillet 1870.)

III

Une pareille doctrine paraît absolument inadmissible si l'on se place au point de vue théorique. Les intérêts *généraux* et *collectifs* ne sauraient être, en effet, moins dignes des préoccupations du législateur que les intérêts *secondaires* ou *locaux*. Aussi, dans l'ordre civil, les uns et les autres sont légalement représentés. Le *Département* est, sans doute, une circonscription administrative ; mais il n'en constitue pas moins, tout aussi bien que la *Commune*, un être moral, une personne juridique pourvue d'un représentant qui est chargé de sauvegarder ses droits et ses intérêts. — Dans l'ordre ecclésiastique et religieux, au contraire, suivant la doctrine qui prévaut aujourd'hui, les intérêts *locaux* ou *secondaires* auraient seuls des représentants légaux ;

Le *Conseil de Fabrique* pour *la paroisse* ou *l'Église,*

Le *Curé* ou le *desservant* pour la *Cure* ou la *succursale :*

Le *Doyen* pour le *Chapitre ;*

L'*Évêque* pour la *Mense* et le *Palais épiscopal,* la *Cathédrale* et les *Séminaires ;*

Les *Supérieurs* pour les *communautés religieuses.*

Mais les intérêts *généraux* et *collectifs* n'auraient point de mandataire ou de représentant légal. L'Évêque, qui a la *direction,* le *gouvernement* du diocèse (Loi du 18 germinal an X, arcles 9, 36, 37), ne pourrait le représenter civilement : il serait incapable d'accepter aucune libéralité, de concourir à aucun acte de la vie civile qui intéressât la généralité des fidèles.

Ces considérations permettent d'apprécier la gravité de la question que je vais serrer de plus près, en discutant la doctrine inaugurée par les avis du Comité de Législation de 1840 et 1841.

IV

Ces avis de 1840 et de 1841, fidèlement reproduits dans les avis postérieurs, se réduisent à deux propositions :

1° « Les diocèses ne sont que des circonscriptions administra-
« tives ;

2° « Aucune disposition législative ne les a reconnus comme
« personnes civiles et ne leur a conféré le caractère d'établisse-
« ments publics. »

1° *Les diocèses ne sont que des circonscriptions administratives.*

Cette première proposition ne peut se concilier avec les textes de lois qui attribuent une *circonscription* aux *diocèses* et leur supposent une existence indépendante de cette circonscription.

« Il sera fait une *nouvelle circonscription* des *diocèses* français.
(Concordat. article 2; C. F., art. 14, et loi du 18 germinal an X,
article 59.)

« *L'établissement* et la *circonscription* de tous les diocèses seront
« concertés entre le Roi et le Saint-Siége. » (Loi du 4 juillet 1821,
article 2.)

L'établissement du diocèse doit donc précéder sa *circonscription*.
Aussi les lois, décrets ou autres actes de création distinguent-ils
soigneusement ces deux points.

« *L'établissement* et la *circonscription* de tous les *diocèses* seront
« concertés entre le Roi et le Saint-Siége », dit la loi du 4 juillet 1821, article 2.

Les bulles de création des diocèses, dûment enregistrées et
publiées, font la même distinction. Elles érigent d'abord le
siége épiscopal ou l'Évêché, constituent le chapitre, puis déter-
minent la *circonscription* sur laquelle s'exercera le pouvoir du
nouvel Évêque.

La circonscription diocésaine peut être modifiée sans que la
notion de l'Évêché ou du diocèse subisse aucun changement. Il
y a peu d'années encore, le diocèse du Mans comprenait *deux*
départements; le diocèse d'Alger en comprenait *trois*. — Aujour-
d'hui, l'un et l'autre n'en comprennent plus qu'*un seul*, et cependant ces deux diocèses restent ce qu'ils étaient auparavant :
une collectivité d'intérêts représentée par un Évêque, pourvue
des établissements annexes indispensables à son existence :
chapitres, séminaires, cathédrales, palais épiscopaux, églises
paroissiales, presbytères.

La même hiérarchie ecclésiastique continue à les desservir.
Leur territoire est moins vaste, leur circonscription moins
étendue, le *diocèse* n'en subsiste pas moins dans son *intégralité*,
dans tous *ses caractères essentiels*; — C'est donc quelque chose de
plus qu'une *circonscription administrative*.

En le restreignant à cette acception, on rend inintelligibles
tous les textes qui parlent de la *circonscription* des *diocèses*,
et notamment l'article 59 précité de la loi du 18 germinal
an X :

1• *Il sera fait une nouvelle circonscription des diocèses.*

Si l'on remplace, dans cet article, le mot défini par la définition, on arrivera à un non-sens.

« 2° *Aucune disposition législative n'a reconnu les diocèses comme* « *personnes civiles*, et ne leur a conféré le caractère d'établisse- « ments publics. »

On ne saurait objecter l'absence de disposition expresse attribuant l'existence légale au diocèse. Aucun texte de loi ne confère explicitement et formellement cette existence civile à la commune, à la cure ou à la succursale, aux chapitres, menses épiscopales, cathédrales et séminaires, et cependant aucun doute ne s'élève sur la capacité civile de ces établissements.

Notre législation n'a jamais déterminé, d'une manière précise et complète, les établissements qui jouissent de la vie civile: La doctrine a suppléé à ces lacunes et il est aujourd'hui universellement admis que tout *établissement public organisé par la loi,* constitue un *être moral,* une personne civile, par le seul fait de son existence.

Or, l'*établissement public* se reconnaît aux conditions suivantes :

1° Un caractère d'intérêt général et de perpétuité ;

2° Un siége déterminé ou une circonscription territoriale fixe, établie ou reconnue par l'autorité civile ;

3° Une organisation sanctionnée par la loi ;

4° Un administrateur spécial nommé ou institué par le gouvernement ;

5° Des ressources propres.

Le diocèse réunit incontestablement ces cinq conditions.

Il a un caractère d'*intérérêt général* et de perpétuité que nul ne conteste :

Il a une *circonscription fixe* et un *siége* déterminé, établi par la loi, des divisions territoriales réglées avec l'intervention du Gouvernement. (Concordat, articles 2 et 9, loi du 18 germinal an X, articles 58 et 59, loi du 4 juillet 1821, article 2.)

Il a une *organisation propre.* — Le législateur lui reconnaît ou lui attribue: — un chapitre, un séminaire. (Concordat, et loi du 18 germinal an X), — un gouvernement, — des usages et coutumes, — (loi du 18 germinal an X, articles 36, 37 et 38), — un personnel (articles 33 et 34), — des traitements pour le personnel (Concordat, article 14).

Il est dirigé par un Archevêque ou Évêque *nommé par le Chef de l'État.* (Concordat, article 4, — loi du 18 germinal an X, article 9.)

Il tient enfin de la loi *des ressources propres,* ou le droit de s'en créer — le Concordat et la loi du 18 germinal an X, assurent le traitement de tous les titulaires qui prennent une part plus ou moins grande à sa direction; — le décret du 19 thermidor an XIII constitue un fonds de secours à répartir par les Évêques entre les ecclésiastiques âgés ou infirmes de leurs diocèses; — le Concordat et la loi du 18 germinal an X, dans leur article 11, laissent à la charge des Évêques les dépenses des chapitres et des séminaires et admettent ainsi l'existence de ressources diocésaines; — enfin, l'article 73 de cette même loi de germinal an X reconnaît au diocèse la faculté de posséder et de se constituer une dotation, en déclarant que « les fondations « qui ont pour objet l'entretien des ministres et l'exercice du « culte (*et sont ainsi destinées à pourvoir aux besoins généraux* « *du diocèse*) seront acceptées par l'Évêque diocésain. »

Cette dernière disposition suffirait à elle seule pour établir que les diocèses ont une existence civile.

Supposons, en effet, le legs suivant :

« Je lègue 10,000 francs de rentes pour suppléer à l'entretien « des vicaires du diocèse d'Angoulême. »

Ou cet autre legs :

« Je lègue également 10,000 francs de rentes pour assurer « l'exercice du culte dans les cent églises les plus pauvres du « même diocèse. »

Ces legs seraient incontestablement valables, et l'Évêque d'Angoulême pourrait les accepter en vertu de l'article 73. — Mais, au nom de quel établissement? — Évidemment au nom du *diocèse*, le seul être moral qui représente l'ensemble de ces intérêts religieux.

V

L'absence d'une disposition reconnaissant expressément l'existence civile du diocèse, ne pourrait donc être invoquée contre cette existence légale, puisque nous trouvons la même lacune dans notre législation pour d'autres établissements dont la capacité civile n'est pas contestée.

Mais je crois pouvoir aller plus loin et affirmer que le législateur reconnaît l'existence civile du *diocèse*.

Cette reconnaissance légale se trouve dans les articles 36 et 37 de la loi du 18 germinal an X qui parlent du *gouvernement des diocèses;*

Dans l'article 38 de la même loi qui interdit toute innovation dans les *usages* et *coutumes* des diocèses;

Dans l'article 73, que je viens également de citer;

Dans le rapport de M. Bigot de Préameneu sur le projet de règlement devenu le décret du 6 novembre 1813 :

« Les séminaires... sont des établissements dont les Arche-
« vêques et Évêques ont l'entière direction, et c'est au *diocèse*
« en général *qu'appartiennent les biens formant leur dotation.* »

(H. Hüffer, Forschungen auf dem Gebiete der... Kirchenrechts, p. 380, — et Archives nationales.)

Elle est expressément formulée dans l'ordonnance du 2 avril 1817, portant règlement d'administration publique, en exécution de la loi du 2 janvier 1817. Cette ordonnance range, en effet, les *Archevêchés* et *Évêchés* au nombre des établissements publics ou d'utilité publique, qui peuvent être autorisés à accepter des dons et legs, et il reconnaît aux Évêques le droit d'accepter les libéralités au nom de leur *Évêché*.

VI

On s'est efforcé d'écarter cet argument en contestant dans cette ordonnance au mot *Évêché* le sens de *Diocèse*.

Le Conseil d'État, dans ces dernières années, a soutenu que ce terme *Évêché* signifiait *manse épiscopale* (*sic* pour MENSE). M. Genteur, président de la section de l'intérieur, s'exprimait ainsi dans une lettre relative aux affaires Sorin-Dessources et de Monceaux, qu'il adressait, le 29 juillet 1870, à M. le garde des sceaux, ministre de la justice et des cultes : « Vous le savez, monsieur le ministre, d'après une jurisprudence constante « depuis plus de trente ans et toujours maintenue par le Con- « seil d'État, chaque fois qu'elle a été contestée, l'*Évêché* n'est, « sous un autre nom, que la *manse épiscopale*, c'est-à-dire la do- « tation « du siége épiscopal. »

Cette affirmation n'est pas absolument exacte. Le Conseil d'État a parfois donné au mot *Évêché* le sens de *Palais épiscopal;* — mais il est très-vrai que, depuis 18.0, il lui a contesté l'acception de *Diocèse* et l'a plus souvent traduit par *mense épiscopale.*

Cette interprétation exclusive ne repose sur *rien.* — Elle est contredite par des dispositions de lois ou de réglements d'administration publique.—Elle est donc absolument inadmissible

L'examen attentif des textes amènera inévitablement à reconnaître que ce mot *Évêché* est un terme *complexe;* — que dans nos lois, comme dans le langage usuel, il a une double, peut-être même une triple acception; — qu'il signifie *le plus souvent Diocèse;* — qu'il est plus rarement employé pour *Palais épisco-pal;* — qu'il n'a ce sens que dans des ordonnances de détail, et que si nous laissons de côté l'ordonnance du 2 avril 1817, qui est en discussion, il n'existe pas *un seul texte* où ce terme ait le sens de *mense épiscopale,* que lui attribue surtout le Conseil d'État.

VII

Reprenons ces trois points dont la démonstration décisive résoudra la question :

1° Le mot *Évêché* est souvent employé dans notre législation, comme dans le langage usuel, avec l'acception de *Diocèse*.

Pour s'en convaincre, il suffit de comparer :

— La rubrique du titre IV, section 1re, de la loi du 18 germinal an X : « de la circonscription des Archevêchés et *Évêchés*, avec l'article 59 : « La circonscription des métropoles et des « *diocèses* sera faite conformément au tableau ci-joint. »

— Les articles 107 et 111 du décret du 30 décembre 1809 :

«.... Le chef-lieu de l'*Evêché*.... s'il y a dans le même *Evêché* « plusieurs départements. » Avec l'article 106 :

« Les départements compris dans un *Diocèse*. »

Les décrets d'érection des diocèses emploient aussi indifféremment les mots *Évêchés* et *Diocèses*.

Je citerai comme exemple le décret du 30 août 1855, relatif à la création du diocèse de Laval.

Article 1er. — « Le département de la Mayenne formera à l'a- « venir un *diocèse* suffragant de la métropole de Tours. Le « siége épiscopal sera établi à Laval.

Article 2. — « La Bulle délivrée à Rome.... pour l'*érection* et « la *circonscription* de l'*Evêché* de Laval, est reçue et sera publiée « en la forme ordinaire. »

On pourrait multiplier ces citations; mais elles suffisent pour établir que, dans la 'oi de germinal an X comme dans le décret organique de 18.9 et dans les décrets d'érection des siéges épiscopaux, le mot *Evêché* ne signifie ni *palais épiscopal*, ni *mense épiscopale*, mais seulement *diocèse*; — que ces deux termes sont employés *indifféremment*, et que, lorsque l'article 107 du décret de 1809 parle du *chef-lieu* de l'*Evêché*, il donne bien à ce mot le sens de *diocèse* et non celui de *mense* ou de *palais épiscopal*.

2° Le mot *Evêché* est plus rarement et improprement employé dans le sens de *palais épiscopal*.

Dans le décret organique précité de 1809, — qui est, de l'aveu de tous, le règlement le plus remarquable et le mieux rédigé de notre législation, — le *palais épiscopal* est appelé de son véritable nom (article 107); — il en est de même dans le décret du 6 novembre 1813, articles 37 et 42. En laissant toujours de côté l'ordonnance de 1317 qu'il s'agit d'interpréter, nous ne trouvons pour la *première fois* le mot *Evêché* avec le sens de *palais épisco-*

pal que dans les ordonnances des 7 avril 1819 et 4 janvier 1832, qui traitent de l'ameublement de ces palais, — ordonnances qui ne sauraient prévaloir sur des règlements organiques.

3° Il n'existe *aucun texte,* **— autre que l'ordonnance de 1817 qui est en discussion, — où le mot** *Evéché* **soit employé dans le sens de** *mense épiscopale.*

Le mot *mense* (de *mensa* — en anglais *mess* — radical de *commensal*) signifie dans son acception propre *table,* et, dans son acception figurée, ce qui est nécessaire pour la table, pour la nourriture et l'entretien. La *mense épiscopale,* la *mense canoniale,* la *mense conventuelle,* ce sont les revenus affectés à la nourriture et à l'entretien de l'Évêque, des chanoines, des religieux.

Tout ce qui concerne la *mense épiscopale* est réglé par le titre II du décret du 6 novembre 1813, article 29 à 48, et dans aucun de ces articles le mot *Evéché* n'est pris dans cette acception. — Il en est, au contraire, bien nettement distingué.

Article 30. — « Les papiers, titres, documents concernant les « biens de cette *mense* seront déposés aux archives du secréta- « riat de l'*Archevêché* ou *Evéché.* »

Tant qu'on n'aura pas produit un texte identifiant l'*Evéché* et la *mense épiscopale,* il sera permis de nier qu'on puisse légalement faire cette confusion et donner au mot *Evéché* cette seule signification.

VIII

Si nous demandons maintenant quelle acception doit avoir le mot *Evéché* dans l'ordonnance du 2 avril 1817, articles 1er et 3, nous dirons qu'il a dans ces articles un sens *complexe,* qu'il peut y signifier *palais épiscopal,* peut-être même *mense épiscopale,* mais que sa véritable acception, la seule qui soit vraiment légale, la seule qui repose sur la loi de germinal an X et sur le décret organique du 30 décembre 1809, est celle de *diocèse.*

IX

Nous conclurons donc de tous les textes cités et discutés : Que les mots *diocèse* ou *évêché* sont employés indifféremment et comme synonymes par le législateur.

Que l'être moral qu'il appelle tantôt *diocèse*, tantôt *Évêché*, a l'existence légale et la capacité d'acquérir qu'il lui reconnaît expressément sous le nom d'*Évêché*;

Qu'on peut donc autoriser les *Évêques* en vertu de l'ordonnance de 1817, combinée avec la loi et le règlement organique précités, à accepter des libéralités faites pour *leur diocèse* ou pour *leur Évêché*.

X

Si les renseignements qui m'ont été fournis sont exacts, il paraîtrait que, pour repousser l'avis de la Section de l'Intérieur, adoptant sur cette question les conclusions de mon prédécesseur, on a surtout invoqué, dans l'assemblée générale du Conseil d'État, des considérations législatives; — on a plutôt songé à refaire la loi qu'à l'appliquer.

J'ignore les considérations théoriques qui ont été présentées et ont amené le rejet de l'avis de la section à une voix de majorité; — je pourrais me refuser à m'engager sur ce terrain, mais je n'hésite pas à déclarer que je suis vivement impressionné dans un sens absolument contraire. Je ne puis croire, ainsi que je le disais en commençant, que le législateur n'ait pas voulu donner au diocèse l'existence civile et le représentant légal qu'il accorde au Chapitre, à la Cure ou à la succursale, et je suis très-frappé des inconvénients pratiques qu'entraîne la jurisprudence actuelle.

Je n'irai pas chercher bien loin des exemples : il me suffira de citer les deux affaires à l'occasion desquelles la discussion s'était alors engagée, les legs Sorin-Dessources et de Monceaux.

M. Sorin-Dessources, président du Tribunal de Saint-Jean-d'Angély, fils de la testatrice, s'est catégoriquement refusé à consentir la délivrance des legs au profit de la Fabrique et de la commune, que le Conseil d'État voulait faire intervenir dans l'acceptation.

Quant au legs de Monceaux fait à l'Évêché de Bayeux, legs d'une valeur de plus de 80,000 francs, l'Évêque s'est aussi refusé à désigner un établissement capable, en revendiquant les droits que lui assurait le testament. L'administration a des motifs de croire que les héritiers ont pris les dispositions nécessaires pour arriver, par une autre voie, à exécuter les dernières volontés de leurs parents.

Tels sont les effets pratiques de la jurisprudence en vigueur.

Pour avoir la solution législative de la question et chercher le *quid utilius* en laissant un instant de côté les textes précédemment invoqués, il suffirait d'examiner les trois points suivants :

« Le refus de reconnaître les diocèses comme personnes ci-« viles, empêchera-t-il les Évêques de recevoir, *en fait*, des « libéralités ?

« Ces libéralités, entravées dans leur cours régulier, iront-« elles se verser dans les caisses municipale, départementale « ou publique?

« Les donations *déguisées*, *anonymes* ou *manuelles* sont-elles « préférables, au point de vue politique, à des donations « faites régulièrement, et régulièrement autorisées et accep-« tées? »

Je réponds négativement à ces trois points et je conclus en disant : — Que si la législation était muette sur la question d'existence civile des diocèses, il serait d'une bonne politique et d'une bonne administration de reconnaître cette existence légale [1].

---

1. En vertu du décret du 6 novembre 1813, l'Évêque peut accepter toutes libéralités au nom et pour le compte de la *mense épiscopale*, dont il a *la libre jouissance* : on ne saurait voir plus d'inconvénients, au point de vue politique, à l'autoriser à accepter, *pour son diocèse*, des libéralités destinées à des œuvres d'intérêt diocésain.

Mais que nous n'avons pas à examiner cette question théorique qui n'est pas de notre domaine ; — et qu'il ne s'agit aujourd'hui que d'appliquer des textes, dont le sens ne me paraît point douteux.

J'ai l'honneur de vous transmettre ci-joints une copie de la lettre adressée, le 30 avril 1866, à M. le Président du Conseil d'État, une épreuve de l'avis de la Section de l'Intérieur, distribué le 1er juillet 1867, et un tableau indiquant les principaux décrets postérieurs à 1840, qui ont admis, implicitement au moins, l'existence et la capacité civile des diocèses.

Agréez, Monsieur le Président et cher Collègue, l'assurance de ma haute considération.

Le Ministre de l'Instruction publique
et des Cultes.
Signé : Jules SIMON.

CIRCULAIRE de M. le ministre de l'Instruction publique et des Cultes, portant envoi à NN. SS. les Archevêques et Évêques, de l'avis du Conseil d'État qui reconnaît la capacité civile des diocèses [1].

Versailles, le 15 mai 1874.

Monseigneur,

Depuis 1840, le Consei' d'État s'est refusé à reconnaître la personnalité et la capacité civile du diocèse, bien qu'en fait il ait donné son approbation à un grand nombre d'ordonnances ou décrets qui supposaient l'existence légale de cet Établissement. Le Ministre des Cultes, resté fidèle à l'ancienne jurisprudence, a plusieurs fois tenté de la faire prévaloir sur une doctrine nouvelle, si fréquemment démentie par la pratique. Les efforts de mes prédécesseurs ont été infructueux, et, dans ces derniers temps, on ne croyait pas pouvoir aller au delà d'un système mixte qui accordait à l'Évêque une capacité personnelle plus étendue, sans reconnaître la vie civile à l'Établissement ecclésiastique, dont il est titulaire. Je me suis refusé à accepter une transaction, qui me paraissait être inexacte en doctrine, insuffisante dans la pratique, et j'ai cru devoir inter-

---

1. *Journal des Conseils de Fabrique*, année 1874, p. 126.

venir personnellement dans la discussion d'une question si controversée et si importante pour l'Épiscopat.

Je suis heureux de vous annoncer, Monseigneur, qu'après un examen approfondi des différents systèmes en présence, le Conseil d'État, adoptant ma proposition, a reconnu que le diocèse avait une existence légale et qu'il avait, par suite, la capacité juridique d'acquérir, de posséder, d'accomplir, en un mot, tous les actes de la vie civile comme les autres établissements publics.

J'ai l'honneur d'adresser ci-joint à Votre Grandeur un exemplaire de l'avis en ce sens, délibéré dans les séances des 30 avril, 7 et 13 mai courant.

Agréez, Monseigneur, l'assurance de ma haute considération,

Le Ministre de l'Instruction publique et des Cultes,

De Fourtou.

____

CIRCULAIRE de M. le Ministre de l'Instruction publique et des Cultes, portant envoi à MM. les Préfets d'un exemplaire de l'avis du Conseil d'État sur la capacité civile des diocèses[1].

Versailles, le 15 mai 1875.

Monsieur le Préfet,

J'ai l'honneur de vous adresser un exemplaire d'un avis des 30 avril, 7 et 13 mai par lequel le Conseil d'État, revenant à la jurisprudence suivie jusqu'en 1840, a reconnu que le diocèse avait une existence légale et une capacité civile comme les autres établissements publics. Je vous prie de vouloir bien vous conformer à la doctrine de cet avis dans l'instruction des affaires auxquelles il pourra s'appliquer.

Recevez, Monsieur le Préfet, l'assurance de ma considération très-distinguée.

Le Ministre de l'Instruction publique et des Cultes,

Pour le ministre et par autorisation :

Le Conseiller d'État, chef de la première division de l'Administration des Cultes,

Ad. Tardif.

[1]. *Journal des Conseils de Fabrique*, année 1874, p. 127.

AVIS DU CONSEIL D'ÉTAT

Sur la question de savoir si les diocèses sont des personnes civiles capables de posséder, d'acquérir et de recevoir[1].

Le Conseil d'État, qui, sur le renvoi ordonné par M. le Ministre de l'Instruction publique, des Cultes et des Beaux-Arts, a été saisi de la question de savoir, en principe, si le diosèse ou évêché est capable de posséder, d'acquérir et de recevoir, et si, par suite, l'évêque peut être autorisé à accepter les libéralités faites directement à son diocèse, dans un intérêt qui n'est représenté par aucun des établissements diocésains particuliers organisés et reconnus par la loi ;

Vu le concordat du 26 messidor an ix, notamment les articles 2, 3, 14 et 15 ;

Vu la loi organique du 18 germinal an x, notamment les articles 9, 11, 33, 34, 36, 37, 38, 58, 59 et 73 ;

Vu le décret du 19 thermidor an xiii ;

Vu le décret du 30 décembre 1809 sur les fabriques, notamment les articles 106, 107 et 111 ;

Vu le décret du 6 novembre 1813, sur les biens des cures, des menses épiscopales, des chapitres et des séminaires, notamment les articles 29 à 48 ; ensemble le rapport du Ministre des Cultes, en date du 13 septembre 1813, qui précède ce décret ;

Vu la loi du 2 janvier 1817 ;

Vu l'ordonnance royale du 2 avril 1817 ;

Vu les décrets et ordonnances antérieurs à 1810, autorisant des archevêques et évêques à acquérir ou à accepter des biens meubles ou immeubles au nom de leur évêché ou diocèse[2] ;

---

1. Reproduit par le *Bulletin des lois civiles ecclésiastiques*, année 1874, p. 115 ; le *Journal des Conseils de Fabrique*, année 1874, p. 137, et par plusieurs journaux quotidiens. Voir aussi le n° 5 de notre *Bulletin* de 1874, p. 456.

2. Voir notamment :

Décrets et ordonnances des 28 février 1808, 30 janvier 1809, 20 janvier 1811, 21 septembre 1812, 11 août et 10 novembre 1819, 6 mars 1822, 28 avril, 17 novembre et 22 décembre 1824, 15 juin et 6 juillet 1825, 17 mai et 22 octobre

Vu les avis du Comité de législation du Conseil d'État, en date du 8 juillet 1840, des 5, 26 mars et 21 décembre 1841, portant que les diocèses ne sont que des circonscriptions administratives et ne constituent pas des personnes civiles capables de posséder, d'acquérir et de recevoir; que les libéralités qui leur sont faites ne peuvent produire leur effet qu'autant

1826, 20 septembre 1829 et 18 mai 1838, autorisant les archevêques ou évêques de Saint-Flour, Mende, Strasbourg, Nantes, Bordeaux, Lyon, Bayonne, Saint-Brieuc, Paris et Auch, à acquérir ou accepter au nom de leur évêché ou de leur diocèse des libéralités en faveur des prêtres âgés et infirmes;

Décrets et ordonnances des 22 pluviôse an XI, 20 vendémiaire an XII, 22 mars 1814, 26 mai 1821, 6 janvier et 17 septembre 1826, 7 décembre 1834, 24 juillet 1836 et 11 mai 1839, autorisant les archevêques ou évêques d'Orléans, Amiens, Saint-Brieuc, Agen, Angers, Tarbes, la Rochelle et Sens, à acquérir ou accepter au nom de leur évêché ou de leur diocèse des immeubles tels qu'églises, cloîtres, cimetières, abbayes, etc.

Décrets et ordonnances des 1er juillet 1809, 14 août 1822 et 18 août 1834, autorisant les évêques de Saint-Flour, Bayeux et Langres à accepter ou acquérir au nom de leur évêché ou diocèse des immeubles destinés à l'évêché ou au séminaire;

Décrets et ordonnances des 12 germinal an XIII, 25 avril 1806, 6 janvier 1807, 20 février 1822, 7 avril 1824, 1er septembre 1825, 18 janvier et 19 juillet 1826, 28 avril 1827, 30 juillet 1828 et 11 mai 1834, autorisant les archevêques ou évêques d'Agen, Orléans, Aix, Paris, Cahors, Aire, Lyon, Châlons, Fréjus, Versailles et Rodez, à acquérir ou à accepter des libéralités pour l'éducation des deux sexes, es maîtrises, etc.;

Ordonnances des 28 août 1820, 8 août 1834, 23 février 1837, 5 octobre 1838, 8 anvier et 11 mai 1839, autorisant les évêques de Grenoble, Langres, Cahors, Saint-Flour et Amiens à acquérir ou à accepter des immeubles au nom de leur diocèse ou de leur évêché pour établissements diocésains non déterminés;

Ordonnances des 17 avril et 3 juillet 1822, 15 décembre 1821 et 12 mai 1833, autorisant les archevêques ou évêques de Reims, Coutances et Sens à accepter, au nom de leur diocèse, des libéralités en faveur des prêtres auxiliaires, prêtres de la métropole, prêtres les plus pauvres;

Ordonnances des 2 décembre 1827 et 27 juin 1839, autorisant l'archevêque de Paris et l'évêque de Bayeux à accepter, au nom de leur diocèse, des immeubles pour des asiles;

Décret du 12 décembre 1806 et ordonnance du 21 décembre 1833, autorisant l'évêque de Strasbourg et l'archevêque de Besançon à recevoir, au nom de leur diocèse, des libéralités en faveur des pauvres;

Ordonnances des 18 octobre 1820 et 21 juin 1826, autorisant l'archevêque de Rennes et l'évêque de Strasbourg à accepter, au nom de leurs diocèses, des immeubles pour presbytères;

Ordonnance du 5 septembre 1836, autorisant l'archevêque de Lyon à accepter, au nom de son diocèse, une libéralité pour l'impression des livres religieux.

qu'elles sont destinées à des établissements diocésains légalement reconnus, auquel cas c'est au nom de ces établissements que l'autorisation d'accepter lesdites libéralités doit être accordée ;

Vu les décrets et ordonnances postérieurs à 1840, autorisant les archevêques ou évêques à acquérir, ou à accepter des libéralités, en faveur d'intérêts diocésains non représentés par un établissement légalement reconnu [1] ;

Vu le rapport adressé le 8 décembre 1840 au Conseil d'État par M. le Garde des Sceaux, Ministre de la Justice et des Cultes ;

Vu la lettre adressée le 30 avril 1866 à M. le Ministre prési-

---

1. Voir notamment :

Décrets des 30 juin 1852, 31 mars et 13 mai 1853, 29 mai et 25 juin 1855, 22 août 1861, 4 mai et 21 décembre 1864, 26 août 1865, autorisant les archevêques et évêques de Grenoble, Toulouse, Strasbourg, Orléans, Reims, Tarbes, la Rochelle et Coutances à accepter, acquérir, restaurer ou fonder des chapelles, églises, anciennes abbayes, etc.

Décret du 22 novembre 1863, autorisant l'évêque de Cahors à accepter un legs pour célébration de messes et services religieux ;

Décrets des 23 mai 1855, 3 février 1864, 29 août 1866 et 19 décembre 1869, autorisant les évêques d'Orléans, Tarentaise, Perpignan et Tarbes à accepter des libéralités en faveur des prêtres auxiliaires de leurs diocèses ;

Décrets des 12 juillet 1865 et 15 mai 1867, autorisant les évêques de Versailles et de Dijon à recueillir des libéralités en faveur des prêtres âgés et infirmes ;

Décrets du 21 avril 1860 et du 25 novembre 1866, autorisant les évêques d'Orléans et du Mans à accepter des donations pour bonnes œuvres indéterminées ;

Décrets du 13 novembre 1851, du 5 décembre 1857, du 4 novembre 1868 et du 19 décembre 1869, autorisant les archevêque ou évêques de Paris, Orléans et Chartres à accepter des donations pour les œuvres les plus utiles ou les besoins généraux de leurs diocèses ;

Décret du 5 juin 1867, autorisant l'archevêque de Paris à aliéner les terrains les Carmes appartenant à son diocèse,

Décret du 29 décembre 1869, autorisant l'évêque de Chartres à accepter un legs pour faire donner dans son diocèse des prédications extraordinaires ;

Ordonnances du 5 avril 1843 et du 20 mars 1844, et décrets des 9 mai 1860, 11 août 1869 et 16 août 1873, autorisant les archevêques et évêques de Coutances, Viviers, Paris et Nancy à accepter des libéralités pour l'entretien d'écoles de garçons et de filles ;

Décret du 18 août 1866, autorisant l'évêque d'Orléans à accepter un don pour l'entretien des Sœurs de Bellegarde ;

Décret du 21 avril 1858, autorisant l'évêque d'Orléans à acquérir un immeuble pour un établissement de sourds-muets indigents.

dant le Conseil d'État par M. le Garde des Sceaux, Ministre de la Justice et des Cultes;

Vu la dépêche adressée le 27 novembre 1872 à M. le Président du Conseil d'État par M. le Ministre de l'Instruction publique et des Cultes;

Considérant que l'article 73 de la loi organique du 18 germinal an x, rendu en exécution de l'article 15 du Concordat, confère à l'évêque le droit d'accepter les fondations ayant pour objet l'entretien des ministres et l'exercice du culte, et que le décret du 19 thermidor an xiii lui permet de prélever le sixième du produit de la location des chaises dans les églises, pour en former un fonds de secours à répartir entre les ecclésiastiques âgés et infirmes;

Que ces dispositions impliquent la personnalité civile des diocèses reconstitués en exécution du Concordat par la loi du 18 germinal an x;

Qu'ainsi, au moment où fut votée la loi du 2 janvier 1817, les diocèses se trouvaient au nombre des établissements ecclésiastiques reconnus, qui peuvent, aux termes de cette loi, accepter des libéralités et acquérir des biens meubles et immeubles;

Que l'article 3 de l'ordonnance du 2 avril 1817, rendue pour l'exécution de la loi précitée, qui désigne l'évêque diocésain pour accepter les legs faits à l'évêché, comprend, sous la dénomination d'évêché, l'ensemble des intérêts exprimés, soit dans ladite ordonnance, soit dans les lois antérieures, sous les noms d'église, diocèse, mense épiscopale et autres établissements diocésains;

Que rien, ni dans le texte, ni dans les travaux préparatoires de l'ordonnance de 1817, n'indique qu'elle ait entendu attribuer au mot *évêché* le sens restreint de *mense épiscopale;*

Qu'au contraire, dans un grand nombre de textes législatifs, notamment les articles 2 et 3 du Concordat, 36 et 58 de la loi du 18 germinal an x, 107 et 111 du décret du 30 décembre 1809, les mots *évêché* et *diocèse* sont synonymes et employés indifféremment par le législateur;

Que les actes spéciaux qui ont constitué certains établissements diocésains particuliers n'ont pu avoir pour résultat d'enlever au diocèse sa personnalité, pas plus que les établissements spéciaux institués dans le département n'effacent la personnalité du département;

Que ces établissements particuliers sont, d'ailleurs, loin de suffire à tous les intérêts religieux du diocèse;

Que, par application de ces principes, avant comme après l'ordonnance de 1817 jusqu'en 1840, les évêques ont été autorisés à posséder et à acquérir au nom de leur diocèse;

Que si, en 1840, le Comité de législation du Conseil d'État a contesté l'existence civile du diocèse en le considérant comme une simple circonscription administrative, et en attribuant au mot *évêché*, contenu dans l'ordonnance de 1817, le sens exclusif de *mense épiscopale*, cette jurisprudence nouvelle, contraire à celle qui avait été admise par les auteurs mêmes des dispositions que le Conseil d'État est chargé d'appliquer, combattue par tous les ministres des cultes depuis 1840 jusqu'à ce jour, et difficile à concilier avec le texte et l'esprit de la législation ci-dessus rappelée, n'a pas sensiblement modifié la pratique du Gouvernement et du Conseil d'État lui-même;

Qu'en effet, depuis 1840 comme antérieurement, de nombreux décrets délibérés en Conseil d'État ont autorisé les évêques à accepter les libéralités faites en vue d'intérêts généraux de leurs diocèses, tels que : l'entretien des prêtres auxiliaires, l'enseignement religieux de la jeunesse, les retraites paroissiales, les secours aux fabriques pauvres, la fondation, la restauration, l'acquisition et l'entretien de chapelles de pèlerinages ou autres édifices n'ayant aucun caractère paroissial, les bonnes œuvres en général, la célébration de messes et services, les secours aux prêtres âgés et infirmes, les besoins généraux du diocèse, les œuvres de bienfaisance, etc., bien que les libéralités de cette nature ne puissent être considérées comme faites à l'un des établissements diocésains légalement reconnus;

Considérant, d'ailleurs, que l'évêque ne pourra acquérir, à titre gratuit ou onéreux, au nom de son diocèse, que sous le contrôle du Gouvernement, qui restera toujours juge de l'opportunité de l'autorisation, et en se conformant aux principes généraux de la législation, aux règles spéciales auxquelles sont soumis les établissements ecclésiastiques et aux conditions qui pourront être déterminées dans chaque espèce ;

Est d'avis :

Que le diocèse étant capable de posséder, d'acquérir et de recevoir, les évêques peuvent être autorisés à accepter les libéralités faites à leur diocèse.

Cet avis a été délibéré et adopté par le Conseil d'État, dans ses séances des 29 avril, 7 et 13 mai 1874.

Le Maître des Requêtes, Rapporteur,   *Le Maître des Requêtes,*
Signé : Ch. de Franqueville.   *Secr. gén. du Conseil d'État,*
                                   Signé : Adre Fouquier.

Typographie Lahure, rue de Fleurus, 9, à Paris.

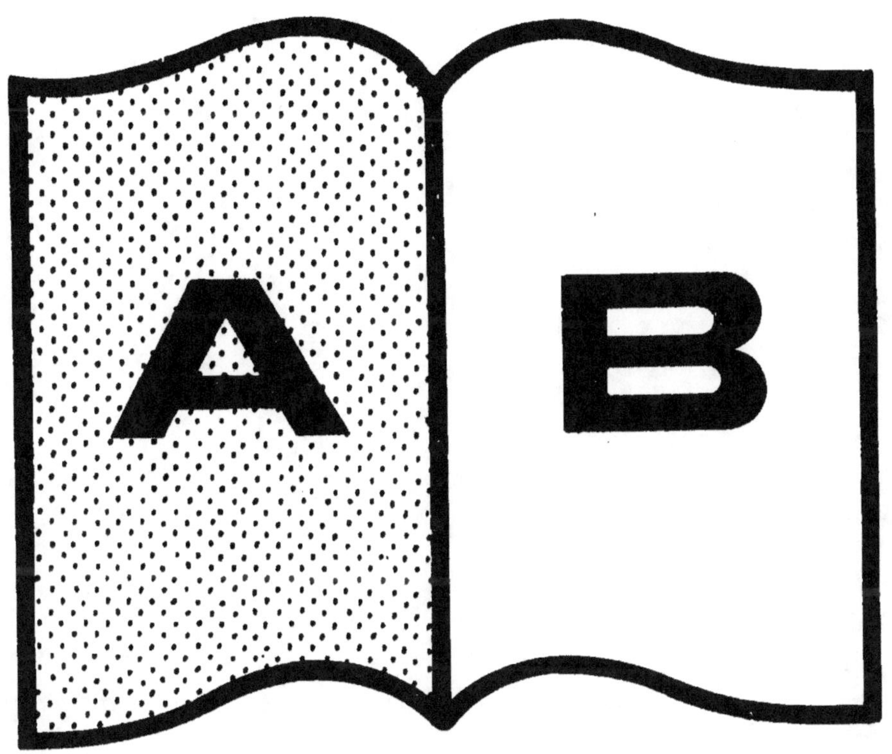

Contraste insuffisant

NF Z 43-120-14